GUIDE POLITIQUE

DU

BAIGNEUR

PAR

Henri GUILLAUMOT

PRIX : 50 CENT.

PAU

IMPRIMERIE ET LITHOGRAPHIE VERONESE

RUE DES CORDELIERS, IMPASSE LA FOI

— 1869 —

GUIDE POLITIQUE

DU

BAIGNEUR

On ne peut parler de politique sans
voir apparaître la figure de M. Rouher.

En effet, n'en est-il pas la plus
pure incarnation?

Qui dit politique dit astucieux.

Mazarin, Richelieu, Pitt, de Talley-
rand ne doivent leur célébrité de di-
plomate qu'aux masques et aux faux
nez qu'ils prennent à tout propos.

ront les avantages de la discussion.
C'est de là que vient l'unique plaisir.
Une étincelle, une saillie, un discours
bien troussé, une réplique heureuse
sont des sujets de louange ou de
mépris. Si la compagnie ne se mêlait
nulle part à la solitude, comme le
dit Sénèque, on ne heurterait que
des visages monotones.

Voilà pourquoi, l'opposition étant
forte, nous aurons, pendant cinq ans,
des ministres frais et roses. C'est elle,
en effet, qui entretient vermeille leur
santé, qui arrondit leur bien être,
qui enfin plonge dans une douce ju-
bilation toute la *santa casa* officielle.

*
* *

Chassez les jouteurs il n'y a plus
qu'un Rouher se battant contre son
ombre. Des athlètes que nous croyons
avoir élus, il ne reste que des mer-
cenaires âpres aux honneurs, âpres
aux rubans rouges.

Ah ! qu'il eût été triste un corps composé exclusivement d'adulateurs !

On aurait toujours été tenté de dire avec le zouave qui sortait de la Comédie francaise :

« C'est des grands savants, mais on s'y embête ferme. »

.*.

Aussi M. Rouher est-il heureux que les membres de l'opposition soient en face. Ce sera pour lui une nouvelle occasion de leur tailler des croupières, et de prouver par là son amour, ainsi que la vérité du proverbe : Qui aime bien, châtie bien.

.*.

En présence de cet intérêt que le vice-empereur porte aux libéraux, comment ne les décore-t-on pas? Tous sont dignes d'une récompense que leur valent de vaillants discours.

De quels titres peuvent se préva

loir des officieux dont la science in-
fuse n'a jamais consisté qu'à dire :
oui, et encore oui, et toujours oui.

* *
*

Une admiration constante, voilà
la seule cause de leurs lauriers. En
face de ce nihilisme, on comprend
donc que personne n'écrive leur vie.

Quels racontars faire en effet quand
rien n'accoure sous la plume. Comment transformer en héros ces pan-
dores qui n'ont jamais su que chanter
à M. Rouher la complainte tradition-
nelle :

« Brigadier, vous avez raison. »

* *
*

Jamais personne, je crois, ne tentera
ce suprême travail, à moins qu'il
n'ait fait vœu de pénitence.

* *
*

Du reste la diffusion des lumières a trop dilaté l'esprit public pour qu'aujourd'hui il se laisse capter par les câlineries gouvernementales.

Fumée, clinquant, illusions disparaissent pour faire place à la réalité brutale. Les phrases sonores et pompeuses qu'on retrouve dans tous les discours officiels n'ont plus cours. Ritournelle de ministère que tout cela. Monnaie dont l'exergue est faux. Toutes les classes de la société appellent le libéralisme. Ce qui n'empêche point les officieux de tourner en ridicule cet élan du pays. A peine parle-t-on de liberté qu'aussitôt on nous traite de socialistes. Vaine tactique ! Nous voulons une saine indépendance et point le socialisme qui, comme l'a dit l'évêque de Meaux, n'est qu'un faux écart de la liberté.

Aussi a-t-on agi avec beaucoup
de discernement en refusant tous
ces députés approbateurs. Chacun
d'eux n'aurait-il pas cherché à nous
plier aux exigences capricieuses du
gouvernement. Tous ne se seraient-
ils pas efforcés de serrer la chaîne.
Oui, et cette hypothèse admise, son-
gez un peu à quel avenir nous étions
voués. Le népotisme, les manières,
draconiennes, le gaspillage des
finances, les emprunts illicites, le
quia nominor leo voilà quelles eus-
sent été nos régles. D'ailleurs, qui-
conque est serré par une promesse
ou par un vœu même apparent, ne
possède plus son indépendance. Et
ce sont ces esclaves qui voulaient
nous infuser un sang nouveau. Allons
donc, messieurs, vous vous gaussiez
de nous, on a bien fait de vous ex-
clure, il n'y avait que de l'essence de
de béotisme dans vos veines.

*
* *

Enfin que résulte-t-il de tout cela?
Que les ministres font la sourde
oreille. Ils disent bien que l'empire
c'est la liberté, mais elle ne me pa-
raît briller que par l'absence. Et tan-
dis que je suis sur le dos de ces hauts
et puissants seigneurs, un conseil.

Lorsque quelque solliciteur est
repoussé par l'un d'eux, qu'il lui dise
pour mâter son orgueil, mais, Excel-
lence, n'étalez pas avec tant d'égoïs-
me votre robe à glands d'or, c'est
moi qui en solde un lambeau. J'ai
donc bien droit, en revanche, à quelques brins de votre reconnaissance.

∴

Il est évident que ces fonctionnai-
res de haut crû oublient bien vite
leur rôle de serviteurs, d'obligés du
public.

Nous n'ignorons pas qu'ils nagent
dans l'opulence, qu'ils possèdent
équipages splendides, hôtels prin-

ciers, vaisselle et service d'or fin.
Cependant ceux d'entre eux dont
l'extraction, loin d'être noble, dégage
une forte odeur de roture, n'agiraient-
ils pas d'une façon plus rationnelle
s'ils imitaient un des anciens rois de
la Sicile. Celui-là ne mangeait que
dans de la terre pour se souvenir
qu'il était fils d'un potier.

*
* *

Seigneur Pinard, qui a goûté de ces
jouissances ineffables, doit être quelque peu sevré aujourd'hui. M'est avis
que les électeurs qui ont rejeté leurs
officieux ne seront pas sevrés des dé-
lices oratoires qu'ils leur procuraient.

On pourrait faire à ceux-ci une épi-
taphe commune ainsi conçue :

Ci-gît M. X..., victime de perfides
électeurs.

Il a bien su garder... le silence.

*
* *

A-t-on remarqué si la chute de
ces pauvres hères affligeait notre
vice-empereur. Hélas ! quand Néro
périt, il faillit verser des larmes,
mais pour un député officieux , ça
n'en vaut pas la peine.

On en trouve facilement.

*
* *

Pour que nos descendants soup-
çonnent qu'il a existé des Belmontet
et autres officieux, il serait opportun
de donner leur nom à nos rues. Comme ils n'ont jamais brillé en aucune
façon, ainsi la postérité devinerait-
elle que nous avons eu des repré-
sentants célèbres par leur mutisme !

*
* *

Mais on ne leur accorde pas même
cette faveur. Magenta, Solférino, Sé-
bastopol, voilà des souvenirs plus
glorieux. Cependant, où la partialité

va-t-elle se nicher ? D'où vient que
les nouvelles voies ne s'appellent :
rue Queretaro, boulevard Maximi-
lien, passage Puebla ?

Ainsi la gloire du Mexique vien-
drait-elle rehausser de son lustre
nos anciennes gloires d'Italie et de
Crimée.

⁎⁎

Mais chut... Ne parlons plus de
cette désastreuse campagne qui vous
a engouffré votre argent, proprié-
taires, qui vous a enlevé les bras de
vos fils, cultivateurs. Je craindrais
qu'ennuyés de cet éternel reproche,
les ministres ne se mettent en grève
à leur tour.

Néanmoins tant que les 100,000 fr.
pleuvront drus dans les caisses mi-
nistérielles, nous n'aurons pas à ap-
préhender ce désastre.

C'est ce que tous désirent.

En achevant ces quelques ré-
flexions, je dois dire au lecteur, qu'il
ne m'est pas venu à l'idée de le guider
à travers tous les méandres de la
politique contemporaine. Il faudrait
les yeux d'Argus ou la lampe d'Aladin,
pour voir clair au milieu de ces ava-
lanches de lettres, de contre-lettres,
de demandes, de réponses, qui écra-
sent en ce moment notre perspica-
cité.

Comme les élections occupent seu-
les et occuperont encore longtemps
le pays, c'est unique sujet qu'il
nous était loisible d'aborder. Que
dire de la correspondance Mackau,
et Schneider ? Rien qui n'ait été ra-
conté depuis longtemps.

Pendant 15 jours la presse s'inté-
resse à la satisfaction de deux hommes.
N'est-ce pas rapetisser le journalisme
que de l'asservir à des intérêts per-

sonnels. Et d'ailleurs nous contredisons le principe de l'indépendance en jetant le blâme à Napoléon. Qu'il donne la croix à David, à Jérôme ou à d'autres. N'importe. S'ils la méritent, c'est à nos yeux loyal, et conforme aux règles de la liberté.

**
*

Cependant il parait se dégager de tout ce tohu bohu, de principes, l'idée d'un ministère libéral.

Comme on rirait de voir l'olivier du 15 mars se changer en olivier du 19 janvier ? Comme on s'égayerait si le libéral qui tourna en ridicule le vice-empereur devenait vice-empereur à son tour.

**
*

L'avenir nous réserve peut-être cette surprise, car c'en est une néanmoins. Ce serait malheureux pour

M. Rouher, il chérissait tant les libéraux ! Et cette belle éloquence nous
la verrions destinée au sommeil. Ah !
combien nos regrets seraient amers !
nos larmes abondantes !

* *
*

Heureusement qu'il resterait une
consolation au ministre, celle d'aller
planter ses choux avec M. Pinard.

A deux, on supporte mieux l'ad-
versité. O destinées humaines !

www.ingramcontent.com/pod-product-compliance
Lightning Source LLC
Chambersburg PA
CBHW060724280326
41933CB00013B/2558